Échele miel

EL TRÁNSITO DE FUEGO

Colección de poesía

Poetry Collection

THE FIRE'S JOURNEY

Cristopher Montero Corrales

ÉCHELE MIEL

Nueva York Poetry Press

Nueva York Poetry Press LLC
128 Madison Avenue, Oficina 2RS
New York, NY 10016, USA
Teléfono: +1(929)354-7778
nuevayork.poetrypress@gmail.com
www.nuevayorkpoetrypress.com

Échele miel
© 2018 Cristopher Montero Corrales

© Prólogo:
© Contratapa: Gustavo Solórzano

ISBN-13: 978-1-7326314-7-2
ISBN-10: 1-7326314-7-6

© Colección *El tránsito de fuego vol. 6*
(Homenaje a Eunice Odio)

© Concepto de colección y edición:
Marisa Russo

© Diseño de colección y cubierta:
William Velásquez Vásquez

© Fotografía de autor:
Victor Hugo Fernández

Montero Corrales, Cristopher
Échele miel/ Cristopher Montero Corrales. 1a edi-- New York: Nueva York Poetry Press, 2018. 102p. 5.25" x 8"

1. Poesía costarricense. 2. Poesía centroamericana. 3. Literatura latinoamericana.

Todos los derechos reservados. Esta publicación no puede ser reproducida, ni en todo ni en parte, ni registrada en o transmitida por, un sistema de recuperación de información, en electroóptico, por fotocopia, o cualquier otro, sin el permiso previo por escrito de la editorial, excepto en casos de citación breve en reseñas críticas y otros usos no comerciales permitidos por la ley de derechos de autor. Para solicitar permiso, contacte a la editora por correo electrónico: nuevayork.poetrypress@gmail.com.

El «yo» comprueba que en presencia de otro se desmorona. No se conoce y tal vez nunca lo haga [...] ¿La tarea consiste en cubrir a través de un medio narrativo el quiebre, la ruptura constitutiva del «yo», que con mucha energía reúne todos los elementos como si fuera perfectamente posible, como si la ruptura pudiera repararse?

JUDITH BUTLER

Échele miel

FRAGMENTOS DE UN RELATO AMOROSO

I

Recuerdo que cuando la conocí
me sentí fragmentado, y en cada una de esas partes
éramos contemporáneos.
Habían pasado 25 años y reconocimos, primeramente,
nuestra infancia,
así que no había pasado tanto.
Yo me sorprendí ruborizado a su lado.
Ella desde pequeña no puede verme a los ojos
y aprovecha cuando juego con alguien para detallarme.
Se siente superada y yo creo que me supera en todo.
Así que somos una araña tejiéndose: acontecimiento.
Una araña muy juntita.
Dos egos. Perdón. Dos ternuras que se reconocen
en cada punto de sus egos fragmentados;
un puñado de pedazos brillándose.

II

Cuando me enteré,

                ya habíamos compartido el postre.
Ella hizo una selección de tres opciones y yo escogí una de esas.
Yo solo podía estar cerca; todas las manos del mundo me arrojaban a ella.
No había ninguna decoración de alcoba más que nuestro tono

      y con eso bastaba

      para escucharnos el uno al otro:

      decir sin saber por qué: "despojada".

III

No nos obligábamos a decir,
todo estaba lejos del fascismo.
Igual es cuando escribíamos,
cada línea nos toma por sorpresas.
Y en la sorpresa de una gramática
(no por común sino por quiásmica)
nos fuimos escribiendo,
y nos aplaudimos como novedad.

IV

> *Llegué al auto a llorar.*
> *Ella me sugirió*
> *que dejó de sentirse sola*
> *cuando me referí a su obra de teatro*
> *como una "brillante diversidad discursiva y tonal.*

El público no la iba a entender o yo me decía eso
para conservar para mí el concierto, pero la van
aplaudir igual que lo hago yo cuando termina cada frase:
mientras conversamos.
Los momentos con ella me enternecen demasiado,
quedo conectado con todo al menos por 24 horas:
ninguna hormiga es tan pequeña,
ninguna brisa tan leve.
A los días ella me contó que había tenido un pico de
adrenalina ese día, y al siguiente se enfermó.
Otra forma de sentir todo, me dije.

V

No nos saludábamos ni nos despedíamos
era como si no dejáramos de estar juntos.
Mi nombre nunca se escuchó tan denso
como desde su voz, y yo simplemente
no podía decir el suyo:
> tal vez algún día haga un descubrimiento
> y le pueda poner su nombre,
> para que ahora sí, lejos de ella,
> tenga el coraje para –casi– pronunciarla.

VI

Ahora sueño con que estamos juntos,
riéndonos y sonrojados en una cama.
Sabiendo que nos bajamos al mundo
con la ternura posible
hasta para actuar con calidez nuestras derrotas.

VII

Pero ayúdenme a enfrentar este odio de Dios.
Realmente de su boca aún no sé nada.
Solo que cuando me nombra
en sus labios desconocidos por los míos,
me pregunto:
¿seré yo, ese nombre que se me anuncia como novedad?
¿seré yo, ese nombre que se me anuncia como novedad y
que ahora, también soy!

Desvarío con la psicóloga

Tengo un amigo que cada vez que digo "ternura"
se apronta a convertirse en un osito gris de peluche.
¿Cómo no acercarme?, me pregunto mientras me dirijo
a él, aunque yo sé que los daños pudieron ser abrazos.

Tenía otro amigo que no conocía la derrota,
era aburridísimo. Con una agenda bajo el brazo
—que únicamente mostraba cuando se emborrachaba—
era "tremendamente impredecible" excepto para él.

Por eso es que en la misma medida que alguien que no
conoce el dolor no puede ser tierno, es aburrido.

El amigo que se convirtió en peluche y me abrazó,
al tiempo botó el traje: éramos pareja para el momento.
Y después fuimos desierto. Pudo haber sido diferente.
Tiré la llave debajo de la puerta y salí corriendo.

Del otro, ya no soy amiga, molestaba demasiado:
"No voy al cine por el ruido", "no voy al cine por el frío",
"Tengo que estar en mi casa a las once",

"No me gusta hacer favores, pero me encanta que me los hagan".

Hay un nuevo amigo. Bueno, de infancia, se llama Crístofer. Me leyó un poema llamado "El don de la ternura" de Raymond Carver y nos sorprendimos en estos versos:

Esta mañana hay nieve por todos lados.
 Hacemos comentarios al respecto.
Me decís que no dormiste bien. Te digo, yo tampoco.
Tuviste una noche terrible. "Yo también." Estamos tranquilos
el uno con el otro, nos asistimos tiernamente
 como si comprendiéramos
nuestros estados de ánimo, nuestras mutuas inseguridades.
Como si supiéramos lo que el otro siente.
 No lo sabemos, por supuesto.
nunca lo sabemos. No tiene importancia.
En realidad es la ternura la que me interesa.
Ése es el don que me conmueve, que me sostiene.
esta mañana, igual que todas las mañanas.

Me falta un botón, padre

Y no lo he encontrado:
ningún suelo del mundo
ni perdido ni colonizado
lo tiene en su cara.

Estíbaliz se acercó mucho esta vez,
y creo que lo tomó sin enterarse
hasta que lo coció a su abrigo marrón.
Ya no soy el mismo desde que perdí
lo que sentimos que era para con ella;
mi cobijo no contiene igual calor,
Tampoco es que padezco de ningún frío
–aprendí hacer la hoguera con lo que había–
pero en ese botón va todo fervor
que alguna vez viví; apenas la sintió
cerca se descosió y saltó hacia toda ella
que moviendo su cadera, lo arropó.

Me falta un botón, padre.
Y ya lo he encontrado:

ningún suelo del mundo
ni perdido ni colonizado
lo tiene en su cara.

No sabe ella que en su cálido bolsillo
ese botón va aprendiéndola al estar.
Tampoco sabe que todo mi fervor,
no era tal: faltaba todo el fervor en ella.
El botón lo sabe todo y al coserlo
se mueve un poquito para que se pinche
un dedo y ella tenga que besarlo a
unos tres milímetros de sus cuatro ojos.
De su boca nada sé, y siento decir:
aún de su boca no sé nada, mas
que la saliva que mojó el ojal y
con certidumbre aguardo su miel rematada.

El botón lo sabe todo,
todo lo sabe ahora ella.
Ella que se acercó a mí
donde ese botón estaba:
¡Ahora es todo fervor!

Soneto (con interrupciones) para mi amigo

Cuando mi viejo amigo me lee
me recuerda a un inmortal elfo
—los de Tolkien, obvio—
caminando en silencio por el bosque.
Me suspende su calmo tartamudeo.

Lo miro y veo como otras lo miran
y concluimos dos asombrosas ideas:
vivió en un doloroso y feo licántropo,
luego estuvo a la luz de todos los árboles
(hoy conmueve al más avaro de los enanos).

¿Será una idealización? No lo creo.
Parece que se ha superado a sí mismo.
La paciencia es una virtud y rezo.

Y si nos juntamos, tal vez no tengamos
que esperar la vejez para enterarnos
del instante que cambia la dirección
                    del viento

¿QUÉ ESTRUENDO ES ESE?

Luego de una lectura de Judith Butler

¿Será cierto que llegué demasiado tarde a mí misma,
que no puedo conocer como lamentablemente quisiera?

¿De dónde surge esa pretensión de conocerse "al cien",
pretensión que damos por sentada e ingenuamente
alcanzable?

¿Ni en los relatos de mi génesis puedo confiarme,
debo asumirme tranquilamente como escritora de ficción?

¿Debo aceptar así no más el poder que tiene el otro,
que me conoce y horriblemente me puede no reconocer?

¿Debo aceptar el fracaso y continuar preguntándome:
quienes soy, quiénes eres e imposiblemente quiénes somos?

O bien podría reconocerme en tus alas y ojos grandes,
en tus seis patas: algunas peludas y otras con polen.
En tu culo de colmena y en tus maltrechas antenas,

en la posibilidad de tu aguijón en mi vientre, pero
ante todo preguntándonos: ¿qué podemos darnos para estar
en casa?

EL DON DE LA TERNURA

Me gusta correr detrás de las avionetas
o arrastrarme como una babosa con ella.

El don de la ternura brotó esa mañana:
nos arropamos sintiendo en el otro el frío.
La temperatura más baja nos reúne
a las siete y cuarto de las amanecidas.
Rodeo la cama, beso sus pies, preparo
el agua con limón y le agrego la miel.
Aún no estamos del todo listos para el mundo
pero confiamos en como inician los días.
Te levantás algo malhumorada, pero
haciendo la mezcla "integral" para mis arepas
te convencés que es lo mejor de dormir juntos:

Abrazarnos, saber que somos con alguien
que es la ternura –no el amor– lo que le interesa.

ÉCHELE MIEL
(Variación de "El canto de la miel" de Federico García Lorca)

La miel es la mirada del otro:
esa posibilidad dulcísima
para ser un espacio salvaje,
salvífico e itinerante.

La colmena como nuestros ojos
nos muestra quienes somos con sed
y qué hacemos con la sed del prójimo:
¿Temerosos y/o comprendiendo?

Ese otro que no es ajeno: miel.
Y bien podría ser la escritura:
el zumbido que nos despabila,
la abeja que reclama atención.

(Así que la miel se cristaliza,
también en poema y no en azúcares,
esto cuando hay buena calidad
condensada siempre desde el otro)

Quien no valida ni presta atención,
le irrita la palabra ternura;
crueles porque actúan como crueles
y no hay miel que les endulce el guión.

Derretida no propaga juicios
acumula señales de vida
es como el sueño de toda crítica
que la busquen para libar.

¡Oh divino crítico! ¿Quién sos vos?
Me basta cuando admitís que sentís.

inteligentísima es tu densidad
inteligente como pedir ayuda
inteligente como tono de alcoba
inteligente como cuerpos expuestos
inteligente como un sexo. *O como un lirio.*

Entre los destinos y todo lo incierto
venís chorreando miel y sosegado
bebo de tus manos, tus dedos unidos:
has dado de beber en todo el trayecto.

No hay derroche: lo caído brotará.
No hay sobros: era la necesaria dádiva.
Todo esto es generación espontánea.
Te abrumaste y no existía la intención

de acumularnos y chorrear el mundo.
Hay que saber echarle miel a las cosas,
de lo contrario, se vuelven aburridas
y por esto siempre son imperdonables.

PEDAGOGÍA DE LA...

Costado sur de la clínica de Guácimo
aparezco para dar una charla sobre
pedagogía de la... –aquella palabra
que no les gusta algunos y que les conté–
y realmente no sé cómo explicarla.
Les diría con Savater que la vida
no tiene sentido únicamente en los monólogos
ya que impiden la revelación de los demás
y nos encontramos en un concierto solos (es decir: sin concierto alguno)
o con Mujica que hay que perderle el miedo
al sediento ya que él nos dará de beber.
Tal vez calmar los miedos de los profesores
contándoles con Butler que si nos hieren
existe el poder transformador del duelo,
pero que hay que aceptar el riesgo del aula
por esos momentos que nos conmueven,
que nos cambian de lo que fuimos el lunes
a las siete de la mañana. Tal vez decirles:

"El otro es el protagonista de su vida",
muy cierto pero panfletario. Así que no
y la verdad es que yo creo con Sábato:
"Que siempre es el otro el que nos salva".

"¿La vulnerabilidad es el guionista?"
¿En serio? Eso no lo entiende nadie de nadie.

"¿La leche de la bondad humana?" Shakespeare,
ya no puedo cambiar la imagen de la miel.

Bueno, tal vez simplemente decirles
que no acosemos al estudiantado
con la intención de fijar, de objetivar,
y ubicarles según nuestra conveniencia.
Que les entendamos brotando
desde su diversidad y apoyémosles
a ser: comprendiéndoles.

Creo que es mejor decirles que a cada segundo están
naciendo
y que en los partos se acompaña e intenta calmar el dolor.

REGALO DE NAVIDAD

Mi hermana quiere a un oso panda
pero lo quiere en su cuarto,
sentado en una silla y con lazo,
lejos de kilos y kilos de bambú.
Es decir: no quiere un oso panda.

CRISIS

Desesperado

SE ME OCURRIÓ DE PRONTO IR A UNA CASA TODA DECORADA CON RECIBOS IMPAGABLES DE LUZ Y SECUESTRAR A UN ENANO DE JARDÍN CON SOMBRERO ROJO Y CHALECO VERDE TENGO AMIGOS QUE YA NO SIENTO COMO AMIGOS Y NO ES POR ELLOS ES QUE YO HE CAMBIADO Y ME HABLAN NOMBRANDO A ALGUIEN QUE YA NO SOY YO PERO ME INTERPELA DE REBOTE O POR HISTORIA ES COMO SI LE HABLARAN A OTRO Y YO LOS ESCUCHO Y ME PONGO NERVIOSO ME CONTRACTURA NO SOLO MI ESPALDA SINO LA LIGEREZA CON LA QUE VENÍA A VERLOS ME ATENAZA UN ANUNCIO DE MIGRAÑA DEBE SER PORQUE HACE DÍAS NO LLORO Y UNO SE ENDURECE TOMA LA CONSISTENCIA IDEAL PARA QUE LO TOMEN CON FUERZA Y LO MUEVAN UNO SE SIENTE EXTRAÑO DE SÍ MISMO A SÍ MISMO VUELVE LA VOZ EN OFF QUE TE DICE QUÉ ACTUAR HASTA ESO HA CAMBIADO LA VOZ YA NO ES TAN CRUEL Y QUIERE HUIR DE SU PEQUEÑEZ

(Ahora suena la trompeta con la música de carreras)

ME VAS HACER FELIZ

Me vas hacer feliz.
Mi amigo no lo cree
pero yo sé que sí.

Sé que somos iguales.
Te voy hacer feliz.
No voy a desistir
(pero antes nos rompemos).

¡No lo puedo evitar
hay un fotomatón!
¿Vamos hacer las muecas?

Que seas para mí
(yo solo para vos).
Los amigos no creen
y después les diremos:
"Pobre este amor, llámenlo".

¡SUFICIENTE!

Es que hay que sacar la libreta de "asuntos personales" y permitir que el otro escriba sino le empiezan a salir hongos y una empieza a oler mal. Igual que las casas que no se abren: nadie sale, nadie entra y todo se pudre.

Un breve homenaje al capítulo *Soledad* del libro *Walden* de Henry David Thoreu

Mi carácter, tampoco, es el del ermitaño. Siempre que he tenido que comprar sillas, compro al menos dos. Es que, a lo lejos, me ven sentado en una silla con otra a la par que está vacía y es una invitación a sentarse. La soledad no necesita otra silla, está con uno y bienvenida sea, pero no todas las veces. Así que disfruto mucho la compañía, a mi forma de entenderla, nos constituye como seres humanos. Igual que nuestra habilidad prensil o contarnos una historia. Incluso, comparto esta cabaña con un ratón: nos vemos tres veces al día en las comidas y nos ofrecemos un nuevo sabor de ese queso rancio que algunas veces somos. Hemos tenido que ponernos de acuerdo con una serie de etiquetas, por ejemplo, que no aparezca cuando alguien más está en la casa o que no merodee en la noche mientras yo duermo. Solo el hecho de imaginármelo rondando mi sueño no me deja dormir. También, que entre y salga por un solo orificio del pavimento, ya que verlo salir y entrar por todos lados me daba una sensación de multitud. Y eso es reservado para cumpleaños, fiestas cada tres meses o festividades especiales.

Ya quedé con la duda, ¿habrá más ratones? Y entre ellos se turnan las salidas para no perder el refugio que con agradecimiento le brindo (¿les brindo?). Yo creo que es el mismo ratón, por cierto, es algo ridículo. Mejor dicho, el ridículo puedo ser yo, que al verlo pienso que es el mismo. Nombre no he querido ponerle, pero algo en mí me dice que se llama Roger.

Roger se acerca a la mesa, como de costumbre, para las migas del desayuno. Me dice que como no lo dejo entrar al cuarto y salgo y entro de una misma puerta, puede ser que haya más humanos —como somos tan parecidos— y nos turnamos las salidas para no asustarlo y con esto no perder la generosidad que él tiene de comerse el queso que le doy (¿le damos?). Justo después me reclama que hace meses no hago pudín de maíz. Y es cierto, hace meses no hago pudín ni cocino ninguna perdiz. El hambre no da tregua.

Escritura no creativa con *Esperanza sin optimismo* de Terry Eagleton

Hay un pulpo debajo de nuestra cama
(¿Optimismo/pesimismo? Un presentimiento.)
Nos hace reír, llorar, acariciándonos la cara:
la esperanza debe estar basada en razones.

Optimismo: barniz monocromo al mundo
Pesimismo: se regodea en su tristeza
Happiness: una postal navideña.
Contenta: suena un tanto, tanto, lerda.

Triste: sin matices ni muchas distinciones.
Preferimos llamarla fe con muchas razones.
"Fe" palabra escrita detrás de su puerta.

El matrimonio que se de sin dar cuenta.
Hay un pulpo debajo de nuestra cama:
es un peluche multicromo que nos desata.

El nacimiento de Cristóforo

I

Yo, somos el crítico. No desdeño a ninguno
y los interpelo, es decir: nos interpelamos.
No me confundan con el criticón
ese me llamé Fabricio
y en ese caso perdido y encontrado,
no van de la mano:
                        fui un conglomerado de atorrantes.
Vengo de un cosmos mayor de este cosmos mayor.
Nací ya siendo mi personaje.
Cerca de mí encontrará,
si no se demora demasiado
una liebre muerta, coma y reponga fuerzas.
En realidad la liebre está viva y con gusto
 diluirá en su boca todos sus nutrientes.
Todos estamos muy juntitos y apasionados
debido a ese líquido resplandeciente
que reduce significativamente los planos de ruptura.
Ninguno sueña con eliminar los espacios dudosos

ni las fisuras: ahí brilla un jarabe de ideas.

Tampoco creo que Lee Harvey mató a Kennedy

o que el combustible de avión llega a quemar

las vigas de acero y hoy son 150 años del Capital.

Y sí, creo que Dios es una ardilla que ríe y come nueces

mientras observa algunos mirar al cielo.

Y otras veces es una ardilla en la noche que

devora un pájaro, se detiene y nos mira.

II

Nací de una abeja que aprendió

a no alimentar a los zánganos.

> *El mundo tiene espacios mínimos de miel salvaje.*
> Eduardo Milán

Supe que la amaba, el día que usé el diminutivo de su poderoso nombre en una clave de banco. También porque quería una hipoteca para vivir. El miedo, imposible que desaparezca, lo sé. Lo vivo es incierto, un pájaro en la mano. Son esas cálidas-pequeñas-robustas victorias las que nos han unido en una meditación diaria. Así expuestos es imposible flanquearnos, ejemplo:

donde ella sabe que me cuesta –mucho– defenderme
y yo que su nombre protege a los hombres inteligentes.

CAMINATA

–Podríamos caminar más a menudo, ¿qué te parece? – Sí, Cris. A veces es difícil por el trabajo, pero cuando nos llenamos de barro y te veo a mi lado; estoy siempre cerquita de llorar. (Surge un abrazo de un minuto treinta y seis segundos y siguen caminando) –A mí también me conmueve mucho, igual me pasa cuando oigo el llamado del agua y aparece –de pronto– una catarata. –¿Has visto que algunas veces hay un pozo donde se anida justo antes de caer? – Sí, justo así.

Breve conversación de pareja

—¿Qué te parece
si mañana adornamos la mesa
para Gustavo y Elsa?

—Podríamos juntar nuestras manos
en una futura pasta, freír un poco de carne
 con cebolla, morrones y tomate.
Estrenar la tetera que compramos
por ser la más fea,
la que nadie, al romperse, lloraría.

—Excepto nosotros que la cuidamos.

—Creo que sería bonito perder la puerta,
verlos caminar juntos desde la cocina
y juntos ir a lavar sus pies.
Que olviden el polvo de la semana
como hacemos antes de acostarnos.

—Actuarles esta ternura
que reconocerían y amar.

Ésta felicidad tan bien lograda.

— ¡Está bien! Dejemos de escribir por algunos días para por algunos días escribir.

Dejemos de hablar y contemplemos el mar

No hay que ir a buscar nada, ya se nos fue dado.
Con asombro, con espasmo nos recogimos
y el otro confió en nosotros sin intelecto.

Desde el intelecto más dulce y corpóreo
hemos venido –en celebración– a abrazarnos.
Abrazar esta manifestación con carne:
un cuerpo que dándose brilla y perece.

También hemos llorado –yo más que vos– cierto
¿Y cómo no hacerlo? Si estoy frente al misterio
de que mis axilas hiervan al lado tuyo,
de aprender a darnos un beso y otro beso

como la actividad de un domingo disperso.
De reconocernos como "espanto del otro"
y en igual longitud y volumen cuidarnos.
Dejemos de hablar y contemplemos el mar.

A MANERA DE EPÍLOGO

Beber del río es beber en el río. Ese manantial que nos salva presupone movilizarnos hacia la vulnerabilidad. Exponer nuestro cuello, bajar la guardia. En esa movilización del cuerpo, se acepta la interdependencia y exige aparecer: hay riesgo de sufrir, pero también de conmovernos.

Se necesitan entrañas, estómago, para reconocer en ese puño de agua no nuestro reflejo, sino la vivencia que el otro tiene. Es experimentar lo que ocurre por la novedad que viene atada al sujeto –siempre extranjero, incluso para sí mismo– que aprehende rasgos que no voy a poder inferir desde mí.

Perderle el miedo al otro es aceptar la errancia; es que nos vamos a encontrar con alguien que no nos extraña.

Escribir es una de las formas de esta errancia: es el niño que canta después que fue botado con el agua sucia. Es el adulto que busca nuevas canciones y se sorprende, porque en algunos casos salen de su boca. Pero como no se basta busca la miel que facilita el otro: la colmena solo puede existir entre un nosotros.

Lejos de la repetición el poema nunca pasa. Este es su primer andar, que lo impulsa al otro primer andar: la lectura. Y en algunos casos nunca nos devuelve igual. Añoramos la repetición, repetimos constantemente buscando esos sonidos tras-históricos.

Eso es lo que esperamos, que el poema se repita una y otra vez, que lo reescriban todas las bocas, que no haya palabra final y sea capaz de desplegarse —como nuestro cuerpo no puede— en todas las posibilidades.

Ahí aparece el otro, también como novedad, repitiendo nuestro nombre —sus variaciones— aun cuando ya no estamos: esa es la miel del vínculo humano.

Esa miel, también, permite mantener a nuestra diversidad de «yoes» muy juntitos, en una alianza crítica y comprensiva donde ninguno aprovecha debilidades ni busca la fuerza para sí. Ninguno flanquea al otro, sino que lo acompaña.

Secuela

TEST DE EMPATÍA
(Futuro alterno 1)

Carolina baila tap
en su metro de madera.
Ella es única mirándome.
Cuando la reconocí
le dije que su ejecución
era vigorosa y capaz
de enlodar mi tiempo.
Me sentí uniforme
sin historia ni vínculos:
yo era todo el deseo
y pagaría el precio.
Saqué el video bem,
lo desempolvé, lo afiné
y proyecte en su cuerpo
de fuerza mis fantasmas,
y su pantalla los acogió
dándoles esplendor,
avasallándome:
uniéndome con ira en la disputa

entre cada una de mis partes.

—no me di cuenta: ella era un test de empatía y ahora todos nos buscamos para matarnos.

Confesión
(Futuro alterno 2)

Hugo Mujica es una de las formas de Dioniso, ese dios loco y de múltipes rostros que traería novedad al orden griego. Ha regresado a una de sus formas, a su radical afuera, ha vuelto al universo, al extranjero, ha muerto. Mujica trajo novedad al orden de la página en blanco a través de la poesía, el ensayo, y la narrativa. Poeta, ensayista, megalómano, sacerdote católico, apostólico y algunas veces más romano que otra cosa. En Woodstock se despide del mundo y se expande en un monasterio trapense donde hace un voto de silencio por siete años y ahí pasa de la pintura a la poesía.

Su primer poema: *se pone el sol tras la ventana / de la cocina / el té está casi listo.* Ya anunciaba un despojo del triunfalismo, o de la soberbia, un tono sumamente calmo. Las mayúsculas entran abruptamente, exigen el espacio para desplegarse. Las minúsculas piden a un lector tierno, que entregue el espacio en su lectura, si lo desea.

Mujica problematiza, a lo largo de su obra, el espaciado. Será un gesto que evidencia su proceso creativo. La actitud de espera para que la poesía como dádiva surja, brote en nuestros ojos. Su poesía nos da una experiencia de la espera disponible, el reposo abierto a la vida. Por lo general la esperaba escuchando música culta y acariciando a su perro Jano que era de mi igual tamaño –yo mido 1.76– también tenía dos caras así que nunca daba la espalda.

La primera vez que estuve en su casa en Buenos Aires, me dijo que si lo contradecía se me caería la biblioteca de varios metros encima y así fue, porque se sentó en el suelo, como el niño que nunca dejó de ser, a tirarme libros. Desde ese día me amó y lo amé.

MISTICARTIFICIAL
(Futuro alterno 3)

No me gusta enseñar a pescar,
me gusta regalar el pescado.
Si la persona al frente permite
que aparezca la dádiva y manos
con la gratitud del darme al dar:
¿quién soy para decir que es mejor
que alguien pesque solo para su hambre?
Si yo creo con fervor de niño
que el pez también se nos da y da y da.

BREVÍSIMA CONVERSACIÓN DE PAREJA
(Futuro alterno 4)

—¿Querés un té de manzanilla? —Sí. Al final no me gustó el de romero, un poco amargo. —Qué planta tan linda, ¿verdad? Parece que surge de la maleza hasta ser una belleza acompañada por pétalos blancos. —Uy, parece que tiene jarabe por dentro y que chorrea desde esa flor amarillo canario. —Parece un botón a crochet color miel.

Precuela

LA LEPROSA DEL BARRIO

Saca un conejo de donde quieras
querido hermano y hazlo lamer
mis manos castigadas por lepra.

Ellos me miran despellejándome.
Los que no pueden –nunca– llorar
enmudecen el enjambre que somos.

Aunque pierdo sensibilidad
en la montaña de mi nariz,
y se me arena la cara que
lamían con agrado amantes
y se extravían las curvas de
mis orejas en cúmulos rocosos.

Además, podridos son mis ojos.
Creo que se me caen los dedos
cuando los he escuchado decir

que voy a terminar leyendo braille
                                      con mi lengua.

El silencio de Jacob

Jacob no volvió hablar. Su madre cortó la conversación: muriendo. Todo se ha roto en él. Cuando sale de caza con Mariano se encarga del cuello del conejo. Con sus manos en sangre, de un movimiento, los desabriga en la piedra. Jacob no volvió hablar: pasa noches en vela abrazado a la lápida que calló a su Matilde. De piedra era la tumba que su oreja tocaba, esperando escuchar algún murmullo que lo hiciera contestar. Su padre lo mira y con cautela lo arropa ya que cuando duerme habla en sueños, y lo hace con el tono de su esposa.

LAS MANOS DE JUAN

"Siempre vas a ser chiquita
como mi mano", me dijo
mi viejo al irse a pescar,
también que regresaría.
Y fui creciendo sin estar
a su costado. Los miércoles
compro un pescado distinto
que congelo en la nevera,
que no me atrevo a freír,
—menos— para preguntarle:
si se tragó a mi padre
en una lucha de fuerza
o si escuchó los rumores
de un hombre que se encontró
viajando en un cardumen.

Mientras camino al mercado
imagino que su mano
es pequeña, pero por
casualidad mi reflejo

aparece y veo un dedo

—siempre— con mi igual tamaño.

Sonrío e imagino

a Juan con una palma

tan amplía para cubrirme

de esta lluvia que no para.

Donde sea que estés

sé que cuidas de tus uñas,

y que te cansaste de hacer

rayas en la pared para

averiguar mis cumpleaños.

Cuando me acerco al mostrador,

el que limpia las escamas

se apresura a traerme

algún pez raro:

yo compro lo que sugiere.

Podré preguntarle esta vez,

que si conoce al nativo

que madrugaba para que

su hija pudiera dormir

y luego estudiar.

Recuerdo que muy pequeña
le dije: "buena pesca papá".
Y regresó para jugar
ya que no se puede pescar
dos veces: "se hace o se dice".
Me dijo con la ternura
del que no hace daño. Ahora,
enfrentaré a este bicho
tan raro para saber
lo que ha escuchado, y con
su cabeza separada
pregunto si ese 25 de mayo
nadaba por río Suquía,
si vio a un hombre con las
manos iguales a la
niña que aparece en la foto
que acusándolo sostengo.

—Yo vi a un pescador que
tomaba a mis hermanos con
la boca dejando sus manos
que crecían en la costa.
—¿Y ahora qué puedo hacer?

Dar esta información a
la policía años después,
abrirán el caso, irán
con perros después de olerme
a buscar sus dedos sucios
estrechados en el barro,
llamarán a la cabeza
para la declaración,
y al final serán palabras
de tortura que no buscan
 la redención del silencio
que tuvo hasta hoy; en un crimen
tan sonado y doloroso.

El testigo ahora también
evidencia: cómo como
su cuerpo en la mesa. Son
años de no probar carne
que se haya nutrido del nunca
mismo río. Sus escamas
no las tiene, pero duelen.

–Ella siente a su padre y

sigue comiendo, sabe que
ahora, que ha encontrado
la forma podrá construir
la historia: ¡Todos los cuerpos
esperan en la nevera!

Danza

Éramos nuestros en el desierto;
te soplaba la espalda y girabas.
Tu mano pasaba por mi frente
hacía mi espalda, y yo allá
volaba: la arena suspendida.

La casa del carnero

Mi tractor no va más, ni un milagro ni menos unos poemas arrancarán del frío esas ruedas, *del barro no volverá*. Lo usé para enterrar ciento cuarenta y siete ovejas y algo de mí. Las maté una por una. Con mis manos desechas lavé un poco la sangre: bebí agua carmesí. Mi esposa hace años que no regresa, me encontró en la tina con un carnero. El mismo que en el sótano escondo con seis ovejas que cuando las embiste disfruto como con aquella cinta porno que nunca quiso ver Andrea. La nieve lo cubre todo, excepto de la ventana a la taza de café. A veces sueño con lana por toda la casa, solo los colores traspasan las fronteras. Igual de blanca era mi barba. Todos guardamos un animal enfermo y lo visitamos estando solos. Aunque nos haga daño, aunque sea posible que enferme los becerros. Nos sentamos en la puerta antes de las escaleras con un revolver viejo dispuesto a la desgracia.

Comparto mi casa con un pez

Comparto mi casa con un pez:
lo nombré migraña como este dolor
que tampoco me deja.
Mi madre también tenía dolores de cabeza
hasta que con una bala se los quitó.
Se marchó y nunca más nadie
me calentó el chocolate al llegar de la escuela.
Ni mi amigo imaginario me esperaba
solo una araña que como mi padre
eventualmente moriría de úlceras por su propio veneno.
La semana pasada recogí 128 colas de cigarrillo
es lo único que no puedo vender;
lo que se tira a la calle tiene una facilidad de llegar al mar:
                                                   inexplicable.
Vendo el papel periódico, las latas de cerveza, la ropa vieja,
le tengo miedo a las palomas y a los payasos
y creo que la basura llega a la playa para ser pájaro,
pero se atasca en su primer intento de volar.

El pez es del tipo "besucón",

besa para demostrar su jerarquía:
el poder lo contamina todo
¿qué quieren que les diga?
Yo era del tipo "alcohólico"
hasta que tuve úlceras
también dejé de fumar.
Tengo al besucón desde el primer día sobrio,
de eso ya son 7 años.
Estoy seguro que cuando muera,
morirán con él mis dolores,
espero no así mi estar "abstemio".

En los primeros ataques de ansiedad que tuve me levantaba en la madrugada y el pez me miraba con una cara de preocupado que nunca le vi a ningún familiar: yo sentía un ánimo de mejorarme. Cuando paraba de sudar el pez daba media vuelta, sería exagerado decir que se iba a dormir.

Una mirada de ternura
nunca la recibí de mi hermana,
que decía te amo y cobraba
y era cierto, ya que los amaba.

¿Seré un sueño que sale de la pecera

y se despliega para no volver?

¡Qué sueño ni que niña muerta! –Me decía Alfonso

(el amigo que me regaló el pez).

Tal vez fue esa mirada sin historia

que me permitió retomarme como proyecto.

Paré el vendaval y me detuve a contemplar

y todo esto desde mi llanto.

>   Antes no lloraba, y la gente que lloraba
>   me enojaba.

La vejez en pareja

Un barco de papel navega el caño,
ha perdido la ruta de regreso:
es grande como el balón escarlata
que patean los niños y gira ileso.

Una pareja de ancianos corre al agua,
cada paso los achica y al mirarse
se encuentran: una en proa y otro en popa;
corren nuevamente al agua de sus bocas.

Sus lenguas son el mástil mayor y crecen
hasta pisar los árboles del parque,
saben que nunca vuelve lo que se pierde.

Se toman de las venas por las manos
y miran al barquito de papel
hundiéndose, muy pero muy mojados.

Un juez con un yo-yo

Otro juez aburrido juega con un yo-yo.
Hace días no llega un solo caso importante
que lo detenga de enrollar y desenrollar.
"Tengo la mala costumbre de seguir viviendo"
se repite de arriba para abajo y en la otra
mano el mazo que hace años no usa, lleno de polvo.
Se pregunta, cuándo aparecerá alguien que no
respete la sala ni la balanza ni las
puñetas que le bordó su madre –a la que ya
no le habla por soportar con dolor a su padre–
también, se pregunta si el día que llegue para
quien la sala fue hecha, y lo llame a orden de un golpe
igual que un ataúd en tierra, nublará el polvo
la sala, impidiéndole recordar al chiflado
que vino a darle sentido a la suprema corte.

–Que alguien por favor me detenga, que me separe
de esta manía de enrollar y desenrollar
en la que me he convertido con poca extrañeza.
Solo un evento digno de toda mi atención

podrá olvidarme del juguete que funciona
con la sacudida de mi dedo, atado a una
galaxia, que da vueltas y sostengo en mi palma.
Solo así dejé de comerme las uñas. Ella,
en la que más creía, me traicionó, y fue tal
la profundidad del dolor que llegó a mis
seis años donde empecé a torturar mis manos.

–El yo-yo cae dando vueltas que no pararán
y un payaso entra de espaldas para ahuyentar
el alzheimer que heredó de su abuelo sordo
con orejas gigantes. Encima de su pelo,
infladamente rojo hay un enano sentado
cultivando un par de cuernos blancos y sonando
su nariz. Mientras una mujer sentada en la
trompa de un elefante mira hacia abajo y dice:
"Señor juez, pero con mano hinchada él me pegaba"

DIVORCIO

La casa no termina de quemarse;
pensar que la compré echando humo hace años.
El fuego es constante como mi madre,
nunca entendió que yo tenía una esposa.

También se fue por mi tartamudez,
ya que no podíamos discutir.
Vive con un profesor de retórica,
es excéntrica y coge con fluidez.

Ya no somos aquella bestia mítica
que estoy seguro que nunca lo fuimos:
nuestros sexos viven bien sin el otro.

Esta llama ni se apaga ni quema
mantiene a mi voz y a mi cuerpo cálidos
por si se arriman besos a la reja.

(Mas quién podrá de este dolor librarme,
del recuerdo de sus ojos mirándome,
de dos lenguas que se sienten la misma.

Si algo quedara de mí cuando "apáguese este fuego", no permitan que Guiselle pose sus manos en este último brasero.)

Alción

(Presente paralelo)

Donde este pájaro anida

calma el mar. Al sufrir hambre,
los peces se arrojan a
la llama que es su pico y
en la rama de un arbusto
que ahora brilla, los traga;
luego de atontarlos de
un lado contra el otro.
Sin diferencia entre macho
y hembra desde su tamaño
poseen un metro cuadrado,
que va donde vuelan, es
su forma de conquistar
todo el mundo. También, cuando
hacen nido y se esperan
en la ternura y la calma:
a este amor lo unen los peces,
moviéndose y en las bocas.

Notas

"La casa del carnero". El verso número cinco está tomado de la canción *La bengala perdida* de Luis Alberto Spinetta.

"Fragmentos de un relato amoroso". Dicho título es una variación del título "Fragmentos de un discurso amoroso" de Roland Barthes.

"Desvarío con la psicóloga". El extracto del poema de Raymond Carver que aparece al final del texto se tomó del libro *Vos no sabés qué es el amor y otros poemas*.

"Qué estruendo es ese". Dicho título fue tomado del prefacio de *La genealogía de la moral* de Friedrich Nietzsche.

"Me vas hacer feliz". El verso inicial está tomado de la canción *El karma de vivir al sur* de Charlie García. El verso final se tomó de la canción *Pobre amor, llámenlo* de Luis Alberto Spinetta.

"El nacimiento de Cristóforo". Los versos 10, 11 y 12 fueron tomados de *Frankenstein o el moderno Prometeo* de Mary Shelley.

"Dejemos de hablar y contemplemos el mar". El título del poema (también, verso inicial) y el verso final son la frase con que termina la película "*Faces and places*".

"Test de empatía". Dicho título corresponde a una prueba para descubrir humanoides asesinos en el libro *¿Sueñan los androides con ovejas electrónicas?* de Philip K. Dick.

ACERCA DEL AUTOR

Cristopher Montero Corrales. Nació en Costa Rica en 1986. Realizó estudios de sociología y antropología en la Universidad de Costa Rica. Tiene una licenciatura en docencia y estudios superiores en cultura y literatura comparada.

Profesor de la Universidad Técnica Nacional de Costa Rica.

Su más reciente libro de poesía, *Canicas galaxia*, fue publicado en Argentina en el 2017 por Alción Editora.

Autor de los libros, *Criaturas exhaustas* (EUTN, Costa Rica) y *A ojo de Pájaro* (Magna Terra, Guatemala). También ha publicado el ensayo *Apuntes para la educación holista* (EUTN, Costa Rica).

Le editorial de la Universidad Estatal a Distancia prepara su primer volumen de cuentos, *Los cerdos comen bellotas*, para la colección Vieja y Nueva Narrativa Costarricense.

ÉCHELE MIEL

Échele miel

Fragmentos de un relato amoroso · 13
Desvarío con la psicóloga · 20
Me falta un botón, padre · 22
Soneto (con interrupciones) para mi amigo · 24
¿Qué estruendo es ese? · 25
El don de la ternura · 27
Échele miel · 28
Pedagogía de la… · 31
Regalo de navidad · 33
Crisis · 34
Me vas hacer feliz · 35
¡Suficiente! · 36
Un breve homenaje al capítulo *Soledad* del libro *Walden* de Henry David Thoreu · 37
Escritura no creativa con *Esperanza sin optimismo* de Terry Eagleton · 39
El nacimiento de cristóforo · 40

El mundo tiene espacios mínimos de miel salvaje • 42

Caminata • 43

Breve conversación de pareja • 44

Dejemos de hablar y contemplemos el mar • 46

A manera de epílogo • 47

Secuela

Test de empatía (futuro alterno 1) • 51

Confesión (futuro alterno 2) • 53

Misticartificial (futuro alterno 3) • 55

Brevísima conversación de pareja (futuro alterno 4) • 56

Precuela

La leprosa del barrio • 59

El silencio de Jacob • 60

Las manos de Juan • 61

Danza • 66

La casa del carnero • 67

Comparto mi casa con un pez • 68

La vejez en pareja • 71

Un juez con un yo-yo • 72

Divorcio • 75

Alción (presente paralelo)

Donde este pájaro anida • 79

Notas • 81

Acerca del autor • 85

Colección
PIEDRA DE LA LOCURA
Antologías personales
(Homenaje a Alejandra Pizarnik)

1
Colección Particular
Juan Carlos Olivas

2
Kafka en la aldea de la hipnosis
Javier Alvarado

3
Memoria incendiada
Homero Carvalho Oliva

4
Ritual de la memoria
Waldo Leyva

5
Poemas del reencuentro
Julieta Dobles

6
El fuego azul de los inviernos
Xavier Oquendo Troncoso

Colección
MUSEO SALVAJE
(Homenaje a Olga Orozco)

1
La imperfección del deseo
Adrián Cadavid

2
La sal de la locura
Fredy Yezzed

3
El idioma de los parques / The Language of the Parks
Marisa Russo

4
Los días de Ellwood
Manuel Adrián López

5
Los dictados del mar
William Velásquez Vásquez

6
Paisaje nihilista
Susan Campos-Fonseca

7
La doncella sin manos
Magdalena Camargo Lemieszek

8
Disidencia
Katherine Medina Rondón

9
Danza de cuatro brazos
Silvia Siller

10
El más furioso de los perros / *The Most Furious of the Dogs*
Randall Roque

11
El rumor de las cosas
Linda Morales Caballero

12
El país de las palabras rotas
Juan Esteban Londoño

Colección
TRÁNSITO DE FUEGO
(Homenaje a Eunice Odio)

1
41 meses en pausa
Rebeca Bolaños Cubillo

2
La infancia es una película de culto
Dennis Ávila

3
Luces
Marianela Tortós Albán

4
La voz que duerme entre las piedras
Luis Esteban Rodríguez Romero

5
Solo
César Angulo Navarro

6
Échele miel
Cristopher Montero Corrales

7
La quinta esquina del cuadrilátero
Paola Valverde

Colección
LABIOS EN LLAMAS
(Homenaje a Lydia Dávila)

1
Fiesta equivocada
Lucía Carvalho

2
Entropías
Byron Ramírez Agüero

Colección
MUNDO DEL REVÉS
(Homenaje a María Elena Walsh)

1
El amor es un gigantosaurio observando el mar
Minor Arias Uva

2
Juguetería
Byron Espinoza

Colección
PARED CONTIGUA
(Homenaje a María Victoria Atencia)

1
La orilla libre
Pedro Larrea

2
Pan negro
Antonio Agudelo

Colección
SOBREVIVO
(Homenaje a Claribel Alegría)

1
#@nicaragüita
María Palitachi

Para los que piensan, como Eduardo Milán, que *el mundo tiene espacios mínimos de miel salvaje* este libro se terminó de imprimir en el mes de agosto de 2018 en los Estados Unidos de América.

www.ingramcontent.com/pod-product-compliance
Lightning Source LLC
Chambersburg PA
CBHW030121170426
43198CB00009B/699